FLUGT

UFULDENDTE SERENADER

Et Deleuzesk rhizombind

Kim Gørtz

FLUGT

UFULDENDTE SERENADER

Et Deleuzesk rhizombind

2024

SAGARO REC & PUB

ISBN: 978-87-4305-841-0

Forlag: BoD • Books on Demand GmbH, In de Tarpen 42, 22848 Norderstedt, Tyskland

Tryk: Libri Plureos GmbH, Friedensallee 273, 22763 Hamborg, Tyskland

Skammen over at være menneske, findes der nogen
bedre begrundelse for at skrive?

Gilles Deleuze

(Kritik, 118, s. 58, 1995)

At skrive er et spørgsmål om tilblivelse

Altid i færd med at tage form

Det ubestemtes kraft, atomer i tilblivelse, en slags
fremmed sprog, ud af de tilvante furer; vakler,
kræfter og viljer – at bekræfte og frisætte –
livsværdier.

Letter alt, hvad der lever; nye måder at tænke, se og
føle på – intens stil, singulære begivenheder gererer
tænkning i punkter, positioner, sjælelige inklusioner,
folder og huller – og lader tåger passere.

Kompositioner og tidslinjernes *anamorfose*, det
levendes *heterogenese*, frenetisk nærliggende
dimensioneringer; *hysteresis* – "det forsinkede
feltstyrkeomslag".

Begivenhedsmæssiggørelsens monadiske
betydningsdannelser genererer serielle,
bevægelsers *parataktiske* udsagns-plateauer; den
meta-diskursive klynkende selv-immunisering
skurrer i flæng.

Rum-udsnittenes *parabase* og de højniveau-
tænkende generatorer udglatter en tørhed og hellig
nøgternhed – som en livslang højdepunkts-
stiløvelse.

En polyfon *ascesis*, en bevægelsesontologi, en indre
differens, virtuel – aktuel – ekspressiv; divergens.

Litteraturen begynder først da, hvor der i os fødes
en tredje person, der berøver os evnen til at sige
jeg.
(Deleuze, s. 60, Kritik, 1995)

Hver forfatter er forpligtet til at skabe sit eget sprog.
(Deleuze, s. 61, Kritik, 1995)

Der, hvor to sansninger ligger ganske tæt ved siden
af hinanden, og passagen mellem dem udgør en
tilblivelse, en forøgelse eller formindskelse af
kraften.
(Deleuze, s. 67, Kritik, 1995)

Et liv er immanensens immanens, den absolutte
immanens: fuldstændig kraft, fuldstændig salighed.
(Deleuze, s. 68, Kritik, 1995)

Dette ubestemte liv kender kun mellem-tider,
mellem-øjeblikke, fremstiller den tomme tids
umådelighed, hvor man ser den endnu fremtidige og
dog allerede passerede begivenhed fra en absolut,
umiddelbar bevidsthed.
(Deleuze, s. 69, Kritik, 1995)

Det er sandt, at filosofien ikke lader sig adskille fra
en bestemt vrede imod sin tid, men heller ikke fra
en bestemt alvor, som den bibringer os.
(Deleuze, Forhandlinger, forord, 2006/1990)

Indhold

En passage af liv

Blive-umærkelig

En nærhedszone – til hvad som helst

Tilblivelsen sker *imellem* eller *iblandt*

Enhver skrift er atletisk

Kroppens flugt eller forfald

Sproget må bringes derud...

Fantasien; en upersonlig magt

At opfinde et folk

En magisk linje

Det udenfor – tankestødets *nærsigt*

Det angstfremkaldende ved den rene
begivenhed er, at den altid er noget, der lige er
sket og skal til at ske, på en og samme tid,
aldrig noget, der sker.

Begivenheden, det er, at ingen nogensinde
dør, men altid lige er død og altid skal til at dø,
inden for Aions tomme nutid, evigheden.

Deleuze

(Meningens logik, s. 88, 2017/1969)

En passage af liv

At være værdig; begivenheden "banker på vores dør", vi bliver en anden i/fra midten, som en lus på overfladens filosofi; som portrætter og æstetiske figurer erfares et vibrationscentrum.

Et laboratorium for mulige erfaring, for møder med det virkelige. (Deleuze og det æstetiske, s. 35, 1995)

Det levendes kraft, det *haptiskes* intensitet; "at trække livslinjer", forvandling, dristige brud, nomadisme, flugtlinjer og *sensation – at tage en spadseretur med en linje…*

Den lyse og klare aften. Den frit formet og underholdende kærlighedssang. Som en forelsket bejler synges disse sange til en elsket læser: *Flugt. Ufuldendte serenader. Et Deleuzesk rhizombind.*

Det er helt Deleuzesk!

1. Delirium; sansningens veje
2. Vibration, resonans, modulation
3. Omkvædets rytme; territorium
4. Kvidre-maskinernes magi og stemmer
5. Frie flugtlinjer; transversal vitalisme

Ufuldendte serenader på vej

Livsvilje

Et Nietzschesk kraftbind

Negativ

Et Adornosk fortryllelsesbind

Tidligere udgivet

Frifundet. *Et Kafkask procesbind*

Inderlig. *Et Kierkegaardsk eksistensbind*

Væsentlig. *Et Heideggersk værensbind*

Aura. *Et Benjaminsk passagebind*

Hellig. *Et Agambensk nøgenbind*

Immobil. *Et Sloterdijksk sfærebind*

Fremmed. *Et Rosask resonansbind*

Begivenhedens hemmelighed:

Som en tom og udrullet form af tiden,
underinddeler Aion i det uendelige det, der
hjemsøger den, uden nogensinde at bebo den.

Begivenheden for alle begivenhederne;

Aion er den ideale spiller eller spillet selv. Den
indpustede og forgrenede hasard. Det er det
unikke kast.

Deleuze

Meningens logik, s. 89, 2017

Blive-umærkelig

Vitalisme; livets tjeneste og begivenhedskarakter, at gengive livets navn, forbinde sig med livet, fordoble livet – og det liv-lige.

Vitalisme; stødretninger og stigningspunkter, *en rhizomatisk omgang med verden*, en anti-mimetisk livsprakis – en affirmativ dramaturgi.

At lade sig trykke flad af "små maskiner", i verdens radikale processualitet, i livet, som "en ophavsløs aktivitet" – *at lade sig opløse mest muligt i strømmen.*

Neo-vitalisme; en vordensfilosofi, at leve det mangfoldige, som nødvendigt at praktisere – som værende mangfoldig, som værende hurtig, som lavende kort.

At fremture som skabende livskunstner på kreative flugtlinjer med tekstuelle værktøjskasser, som en skizoanalytisk pragmatik; via de små flugtveje.

En bliven mindre, i flæng, i tredje position gennem et labyrintisk netværk – via "underjordiske stængler" – i konstant bevægelse; kun som variationer, dimensioner, sammenpasninger, flader.

En fragmenteringsstrategi; via radikalt heterogene (ikke-)semiotiske kæder og strømme – i en aktiv glemsel og genskabelse af et fast territorium – *mellem* to tilstande.

En tilblivelsesfilosofi; en bliven-revolutionær, at
holde sig i midten, være u-samtidig, som frisættelse
– i "den indirekte frie tale" – *at være fremmede,
men i sit eget sprog* – som at stamme.

I den flydende begærs-strøm; uden en
fremmedgørelses-metafysik, som steppens græs, en
spagfærdig, retarderende immuniseringsstrategi – i
etiske gevandter.

I den vilde begærs-strøm, som at tænke; *"…
fremmedgørelse og vold som udtryk for en
subjektivation, der standser det frie flow og
reducerer de mange mulige liv til ét
sammenhængende og dermed undertrykkende liv."*
(Deleuze og det æstetiske, s. 67, 1995)

At blive ét med livsstrømmen, at gå så hurtigt, som i
den hastige flugt; som "skizoen … en ikke-(s)tilstand
i konstant bevægelse" – som tilblivelsesfilosofiske
figurer.

*"Det er med henblik på hele tiden at undslippe
magtens genopståen, at de* (Deleuze & Guattari)
*beder os om at holde farten oppe i
nomadetilværelsen, der konstant skaber nye
flugtlinjer."* (Deleuze og det æstetiske, s. 69, 1995)

Den vitalistiske magtrealisme; netop "liv er
magtvilje", netop livets grundlæggende
udfoldelsesmodus – et "jeg vil" – med sarte ører –
som "et sandt selv" – uden et ståsted.

Som en ustresset, u-neurotisk nomade i et adstadigt
gangtempo, i en frenetisk hast, i et tragisk teater;
som "en ubekymret tilbudsæstetik".

En stemt livsfølelse som livlighedens *dynamicitet* i
glidende overstadighed, som sindets kræfter og
intimitet; den sensuelle erfaring, hvor livet
opretholdes, hvor fantasi, forstand, fornuft – frihed,
autentisk samvittighed, bliver en sitrende kuppel.

En filosofisk følelse og reflekterende porøsitet, der
nærmer sig begivenheden som *genese* og dannelse;
en proto-romantisk fællessans, som en
indsigtsbefordrende stemt udflugt i naturen.

Åbenbaringsæstetiske erstatningspassioner;
entusiasme, forundring, *apatheia*, ædel beundring,
afsindets sværmeri – vanviddets grubleriske
latterlighed – *en sygdom, der sønderriver*.

Hyper-skønne kræfters anspændelse; lyksalighedens
kultivering, ophidselsens lettere patologi – suget i
sindet – skønhedssansens erkendelsesdrift, giver et
vink herom – og en skikkelig anstændighedssans.

Den medrivende meta-æstetik; apokryffe
perceptioner og *megalomaniske* vibrationer, som
uforknyt bærer kroppens dygtighed ind i en
indkredsende omverdens-forbindelse.

Sammenfiltret formummer udsivningens stofskifte,
som en amorf bæreevne og fluiditet; en størknende
krystalliseren, et chiffer, en videregivelighed.

Elastisk, skælmsk og små-patologisk (af)lures en
farefuld færd, hvor spøgen og den kildne slækkelse
bedrager et øjeblik; en sundhedsgavnlig bevægelse
– og en æstetisk begivenhed.

En meta-filosofisk kombinatorik; et
kompositionsplan, hvor kunstens væsen og
sensibilitet balancerer et musikalsk tankesæt og en
metaforisk rytme, hvis design og organisering er en
intensiveringsproces, er en generativ rørelse.

Som transversaler og vertikale forsvindings-
figurationer i et fragmenteret værk overskrider de
serielle rum – tomrum – en skaleret kulør; som i en
orkestreret *emancipatorik*.

Med et etisk potentiale – i en degenereret form for
liv; i et klædeligt anliggende, frigjort fra kronologi og
kultisk tilbedelse – en dvælen i
perceptionsøjeblikkets tyngdekraft.

Neo-realismen; når varigheden krystalliserer en
lyskildes dybdeskarphed i en grænseløs tid og
berøringsflade – i krystalbilledets fortabelse – en
evindelig krise.

Den utøjlelige dybde formgiver "synlighedens
arkitektur", i et optisk centrum, med en progressiv
kartografi, der restituerer tidens væsentlige
komplikationer; gen-skabelsens stød.

Den intellektuelle sympati og frisættende intuition;
den afgørende drejning på de divergerende linjer i

et virtuelt punkt, som fremstår ved egen kraft i et
præ-refleksivt felt, hvor livets kræfter og udsigelses-
steder vrister, vrider og splintrer en natur-lyrik.

Et bristet jeg, der opridser den levede tid og
nedbrydning; spaltes i "tidens krystaller", hvor
begivenhedens nu i hvis brydning mening bliver til – i
ustandselige installationer.

En dyb evolution, *en vandret tænkning og et vandret
liv*, en kontemplativ følelse, en opløsning i en evig
nutid; som et væsenstræks portræt, med en
væsensbeskaffenhed, hvis eksistensmagt er
tænkekraft og handlekraft.

Væsensindsigternes største glæde hæmmer duften
af – og næsen for – universets forbliven det samme;
det filosofiske jeg slingrer her i nuet langs den
horisontale tanke, langs "lysende fortætninger".

*"… den vej, som tanken bevæger sig på, når den på
en gang flyver hen over verden og lader den være,
som den er – i sin flugt betragtende verden fra
oven."* (Deleuze og det æstetiske, s. 160, 1995)

Livets gåde i tankemæssige spring; et ubrydeligt
fællesskab, omstyrter, forskanser, tumler,
strammer, forplumrer og mishager – løsner flugtens
sløjfe; *"… stiller sig ikke tilfreds med
fænomenologiens varierende kropstanke…".*
(Deleuze og det æstetiske, s. 175, 1995)

Et erkendelsesskred, en selvkritisk omtanke, et
nærvær midt i uendeligheden, en turneringens
engagement, en bevidsthedens økonomi; spredning
af sporets tænkning, en polykrom arkitektur.

De indhøstede passager og indsigtsbefordrende
knæk, de klingende mutationer, fald og englelige
genfødsler; gensidige trans-mutationer – hvad er et
menneske?

Alle de bærende myriader falder fra hinanden, i
dybe svælg og med flove fragmenter; som en magisk
realisme, der slynger uforbundne genstande
gennem skjulte fællesskaber – som i generative
begrebs-serier.

Flerdimensionelle intensiteter og afsværgende
funktionaliteter; ubestemthedszoner, der skaber luft
i sproget – som strittende tråde, som når mylder
muterer.

Et fortolkningsmonopol; konvergens, divergens –
intensitetsforskelle, en højere empirisme, hvor
sjælelivets *andethed*, tendenser og nuancer er den
indre levende forskels uforudsigelighed.

Livets differentiering og eksplosive kraft; serielle
divergenser, livets bevægelse, lov og specificitet
genoplives – det stivnede *bevidsthedspunkt bryder
frem efter at have passeret gennem stoffet*.

Hukommelsens virkeliggørelse; den rene erindring,
nutidserindringen, den dybe varighed, livets
spænding og dobbelte sfæriske strøm genoprettes.

Amor fati går hånd i hånd med frie menneskers
kamp. I alle begivenheder findes min ulykke,
men også en pragt og et lysglimt, der udtørrer
ulykken, og som gør, at når begivenheden
villes, så virkeliggør den sig i sit mest
sammentrukne punkt, på æggen af et virke.

Lysglimtet, begivenhedens pragt, er meningen.
Begivenheden er ikke det, der indtræffer
(hændelse), den er i det, der indtræffer, det
rent udtrykte, som vinker til os og venter på os.

At blive værdig til det, der indtræffer os, altså
at ville og at frisætte begivenheden…

At få sig en ny fødsel…

Deleuze

Meningens logik, s. 193-194, 2017

En nærhedszone – til hvad som helst

At begynde med forskellen; en livsmodus med rytmiske hastigheder, en affektiv kapacitet – i omgængelige symfonier og med kroppens kartografiske tavshed, der vækker planets "lynglimt".

En serie af hvirvelvinde i ryggen; *at gøre sig selv til et frit menneske* – "substansen hvide sol" – hængslerne, svingdørene, de afvigende spiraler, hvor trådenes splinter og sjælens intensive bevægelser emanciperer tidens passive skikkelser.

Tidens tråde udhuler, kløver, spalter, svimler og glider ind i ubegrænsede udsættelser som de ukendte samklange, hvor uregulerede udøvelser og passager – overflader – uophørligt fremtræder som salighedens kræfter.

Livstegnenes *Homo tantum* forløser overalt øjeblikkenes tomme tids umådelighed; tømt, kalkeret, fabrikeret – som *onto-biologiske* aktualiseringsbevægelser.

Livet uden organer, livet som singularitets-bærer, som immanent kraft; som en værens-politisk, *(hetero)-genetisk materialisme*; *"At tænke er at frigøre livet overalt hvor det er indespærret"*. (Deleuze og filosofien, s. 68, Agora, 2000)

"Livet er forskellens proces", alt liv er stoflig; en bio-filosofi, hvis kraftfelter – fremmedgørelser og splittelsesoperationer – hvis vildskab er en

skizofreni-frigørelse, en virvarets kode, hvis glidende
aksiomatik udgør frie variationer uden grænser.

Semiotisk indskrevet i verdenskroppen, befæstede
alliancer og ydergrænser og polymorfe kodninger; et
spind af fantasmer – delirium – en formidabel
begærets monisme, hvis multi-dimensionelle
rotationer og *noologiske* kratskov fremavler et indre
subversivt sprog.

Mikrologiske krigsmaskiner og trans-kodificerende
flugtlinjer; en organisk erobring, en magisk magt
med glatte rum, strømhvirvler og malstrømme –
med hændelser, begærs-maskiner, molekylære
skikkelser og nulpunkter.

Forbindelser og tomme pladser, en etisk
genoplivelse, æstetiske intensiteter, dybt forbundet,
hvor; *"… etablerede magter har brug for vore
tungsindige tilstande for at gøre os til slaver."*
(Deleuze og filosofien, s. 98, Agora, 2000)

Sterile helteskikkelser, *katheksis*, kastreret
arrogance – tungsindighedsmaskiner – et
monstrum; begæret som *metamorfose*, et
"overskud af liv som giver mening til sproget" –
bevarer et pust af liv – som i "jeg ler, altså er jeg".

Pragmatiske kræfter; det molekylære væv udstyret
med mening, med begæret som begivenhed, som
en praksisfilosofisk frisættelse af menneskeligt
potentiale – som parasitært, tomt og fornyende.

Denne "slangens uendelige bølgebevægelse", som
fleksible, modulerende netværk; biomagtens regime

– det globale kontrolsamfund, hvor ordenes rene
dans og upersonlige zoner undslipper strømmen af
intimsfærer – unddrager sig stemplet og
entydighedens ontologi.

Den filosofiske svimmelhed genererer "det
uendeliges bevægelse", hvis grænsepunkt og
livstegn forløser en ren begivenhed, en slags
salighed – et *Homo tantum*; en gnist af liv i slynglen,
det har bolig i.

Et livstegn i det upersonlige liv, i tingens midte, det
nøgne liv, et smil, en gestus, en grimasse; det
gådefulde mærke – *threptikon* – livsgnisten.

Berøringens bevarelse – *thiggein* – at spadsere sig
selv, at vise sig besøgende; som en værens
gymnastik (*gumnos*, nøgen) – at begære, at forblive
i sin væren – *conatus* – at ernære sig – *trophe* –
threptiké psyké – at få til at vokse – *trepho* – netop
kapaciteten til at tænke (sig) selv – *nous*.

En snublesten; en genealogisk akse og en ny
materialistisk semiotik i en "skizo-kultur", i et ekko-
rum, som "sluger dig levende"; her gælder det om at
holde tingene flydende og forskyde områder – i
vurderingsmaskinerne.

Skræmmende, på galskabens rand, forbandelsen,
kampen, uhyret, enestående angreb, lidelsen, der
"går på nerverne" – rutinen; tvangsneurosen – en
livskraft som skaber genfødsler, bekræfter
forskellens stråleglans.

Uhyrlig bemærkelsesværdig, uerstattelig, særskilt;
"uden differenser ophører livet" – "mennesket er et
forskelsvæsen" – neo-vitalistens livskamp.

"Det sprukne jeg" og "det opløste mig";

*"Livet er forskel i intensitet, forskel i stimulans, og
samtidig gentagelse, vane, fejring, ritual. At
opretholde og bekræfte livet er at opretholde
individuationen, og gennem 'dødsinstinktet' at
udslette eller få til at sprække jeg'et og opløse
mig'et, således at det præ-individuelle kan udfolde
og udvikle sig..."* (Deleuze og filosofien, s. 179,
Agora, 2000)

Kopier, masker truer livets vibrerende rum; en
filosofisk anarkisme – og kalkering, hvis dumhed og
producerende kraft, hvis følsomhed og
intensitetsfelt, skam og intetsigende afklædning –
hvis "lave måde at tænke på" gennem
kontemplation, refleksion og kommunikation –
påfører dumheden skade.

At tvinge tænkningens sårbarhed og følsomme tegn;
det som "får os til at tænke" – tegnets tvang –
vækker kærlighed, en ufrivillighedens pædagogik, en
voldelig dressering, i den stummes sprog.

Tegnenes mobiliserende kraft og indbrud slår
sprækker; centrale sammenbrud og dvaletilstande –
prisgivet og udleveret, famler i en uundgåelig
horisont, løsrevet, i "begrebets degenerering",
skaberaktens banalisering, at yde modstand.

Linjen uden omrids; en *filosofi-gørelse*, en indfangende flade og komplicering, en multipel affirmation, en afatisk mislyd, "en stammen i sit eget sprog" – det infinitte i sproget, acceptabilitetsbetingelsernes rumlen – adlydt.

En tavs, forsværgende besindelse;

"At diskutere er en narcissistisk øvelse, hvor hver gør sit efter tur: meget hurtigt ved man ikke længere hvad man taler om." (Deleuze og filosofien, s. 210, Agora, 2000)

I de eksperimentalfilosofiske, produktive øjeblikke, hvor rytmiske begivenheder mumler med vippende askese, hvor skidne figurer og træghedsfelternes indvendinger og skandaler, skaber ensomme omrids og bevægelsesfrie livsløb; sker den dybeste fold og uendelige (mis)tillid til materialet.

Midnatstidens venner, de velskabte signaturer og konsistente tåger, som svigter, som undslipper, som glatter ud, perforerer, splitter skemaer og smag; hele oprørets geo-filosofiske ubehag og generøse svækkelse, en brydning.

En livsverdens trussel og tautologi, en tom diagnose, farlig, tankeløs, et neutraliseret medium, dekorativ, restaureret – i særdeleshed et plan uden hul; en frugtbar besværgelse, som tåler en overflødig tåge, som tåler en selvopfyldende fladhed.

Vævets nøgle og flugtruter, den formløse sympati, i den rene reserve, i den knusende seriøst; "blikkets billede-samfund", en syns-maskine, der smuldrer og bombarderer, som en forloren subversiv praksis, hvor "den indre varighed" (bølgebevægelserne og tids-materien) strømmer og leder nervesystemets intellektuelle ekspansion.

I de sammentrukne øjeblikke, hvori der "indgår resonans med det aktuelle"; i montagernes kredsløb krystalliserer tiden sig i bevægelige spejle:

"Nutiden skiller sig hvert øjeblik, idet den vælder frem, i to symmetriske stråler, hvor den ene falder ned mod fortiden, mens den anden kaster sig mod fremtiden." (Deleuze og filosofien, s. 260, Agora, 2000)

Denne ontologiske hukommelse er aktualiseringen, som differentiering:

"Hemmeligheden ved kredsløbet aktuelt/virtuelt er at dets termer er givet samtidig med hinanden og at deres 'resonans' konstituerer det vi kan definere som en 'kraft'. Konstitueringen af erindringen er den samme 'resonans' af det aktuelle og det virtuelle, hvis vej til eksistensen ikke er en realisering, men en yderligere differentiering." (Deleuze og filosofien, s. 260, Agora, 2000)

Maskinerne krystalliserer tiden, kraftens kredsløb og subjektivitetens motor er et tids-regime, en "politik for det virtuelle"; en genspejlingslogik – en livets tid.

Alle de perverse kriterier, hele det psykopatologiske begær; en filosofisk terapi, sejlivet, privilegeret – mod de besnærende undertrykkelsesmaskiner, de opløsende manøvrer – latterlige og paralyserende.

Vi befinder os ikke længere i en uskelnelig
forskel mellem det virkelige og det imaginære,
der karakteriserede krystalbilledet, men i
uafgjorte alternativer mellem fortidslag eller
'uforklarlige' forskelle mellem nutidspunkter,
der nu angår det direkte tidsbillede. Det, der er
på spil er ikke længere det virkelige og det
imaginære, men det sande og det falske.

Deleuze

Flugtlinjer: Om Deleuzes filosofi, s. 242

Tilblivelsen sker *imellem* eller *iblandt*

Bekræfter vi livet? – Verden er foldet; *aion*, det
haptiske, tidsbillederne, som et levende ocean, som
den levende tanke – som en konsekvent ambivalens
og med alle de sympatiske menings-produktioner.

Tænkevanernes lidenskaber, lader noget utænkt
tilbage, en evig genkomst af para-antropologisk art
gennem temporale synteser, hvor en ressentiments-
logik kalder på *en ny måde at føle og sanse, for at
kunne bringe mennesket ud af sig selv.*

En kraft-tænknings monstrøse vitalitet, der
behandler meninger som begivenheder, hvis
overfladeeffekter insisterer på en stil i et værk; hvor
liv og tanke mødes i zoner, der *driver den
biografiske identitet til grænsen.*

Gennem en lirkende diskretion og snublende
friktion, gennem en kræfternes etik og radikal
(normativ) monisme opspores tankens særstatus;
via en forskelsfigur og et 'dobbelt sprog', via en
tredje etik og videns-form, bliver mødet med det u-
afgørlige, "det udenfor" til en filosofi om muligheder
for liv.

"... det er på den lige linje, at alting finder sted... "

*"Lad os åbne op for alt det listige, der højlydt byder
sig til uden for døren. Og ind vil komme
begivenheden, der vil drukne fremtrædelsen og
afbryde dens forlovelse med essensen."*

"I stedet for at spærre meningen inde i en noematisk kerne, der udgør hjertet i det genkendelige objekt, skulle vi lade den flyde langs tingenes og ordenes grænser som det, der siges om tingen ... og som det, der sker."

"Tanken må tænke over det, der former den, og tage form efter det, den tænker."

(Foucault i: "Flugtlinjer: Om Deleuzes filosofi", s. 87, 89, 94, 97, 2001 (1970))

Dialektikkens neurose; væren som forskellens genkomst, tænkningen som en voldelig proces, hvor skizofrenien er tankens mulighed – *"at løbe linen ud er at ende i skizofrenien som proces for derigennem at sprænge en given kode."* ("Flugtlinjer: Om Deleuzes filosofi", s. 126, 2001)

"Vi skelner mellem skizofreni som proces og produktionen af den skizofrene som klinisk entitet, rede til hospitalet: de to er nærmere hinandens modsætninger. Den skizofrene fra hospitalet er en, som har forsøgt noget, og som ikke har opnået det, som er brudt sammen." (Deleuze i: "Flugtlinjer: Om Deleuzes filosofi", s. 128, 2001)

Begærets spændingsudladninger, vibrationer, maskinelle produktioner, klipper og skærer; intensive tilstande, felter af potentialer – *at leve desubjektiveret er at leve skizofrent, forstået som positiv proces.*

"Subjekter formes på et organisations- og transcendensplan, som er strukturelt: et sådant plan

*er et lovens plan i den forstand, at det organiserer
og udvikler former, genrer, temaer, motiver, og at
det bestemmer og udvikler subjekter,
personligheder, karakterer og følelser: formers
harmoni, dannelse af subjekter."* ("Flugtlinjer: Om
Deleuzes filosofi", s. 135, 2001)

Tankens patos og spaltning, tegnenes intensitet og
uro; en anelse om særlige eventyr ansporer til en
genkaldelse, der får "tiden ind i tanken", som et
"metafysisk resonansrum", hvor indre rørelser
kløver jeg'et og sætter dets tanke i gang.

Tanken tvinges til at tænke af tegnet, en tvungen
bevægelse og stafet spreder herved selvet; som
sanser, erindrer og tænker forskel – "tanken bliver
nedsunket i livet" – i et ufrivilligt, intensivt kraftfelt.

At tænke med udgangspunkt i det uendelige; som
en foldens ontologi, som en begivenhedslogik med
elastiske punkter, der udtrykker og vrider
bølgebevægelser – og 'spiralsk' skvulpen.

I et levende spejl, som med ét slag forskyder
montagernes øjebliks-impulser til en fjerde
dimension; til en ren begivenhed, der trænger sig på
– med meningskollapser – med billeder, der river sig
løs – på en hinde, ved et udenfor, i krystallens
"tynde dybde".

I det haptiske rum, i en hysterisk "nerveoptimisme",
med en synliggørelse af kræfter i et 'radiografisk
spektrum'; en direkte transmission, tankevækkende
som en "tilfældighedernes operative geometri."

Dét 'i midten' er blevet det eneste mulige sted
for den begrebsskabende filosof.

Deleuze

Flugtlinjer: Om Deleuzes filosofi, s. 239

Enhver skrift er atletisk

Krystallen, tågen, sløret; *liv – en umærkelig bevægelse der udfolder sig med uendelig høj hastighed – ligesom en skrift der bringes til at undersøge den skriven der lader den blive til.* ("Flugtlinjer: Om Deleuzes filosofi", s. 245-246, 2001)

At finde en nærhedszone, at træde i forbindelse med en virtualitet, at træde ind i tanken, at blive i dens immanens, at blive tankens begivenhed;

"… tanken – bestræber sig på at tænke selve den hændelse at den bliver til ved at tænke sig selv, - og det er dette der er tankens fold i sig selv som begivenhed." ("Flugtlinjer: Om Deleuzes filosofi", s. 249, 2001

Livet bliver til gennem bevægelsen af plastiske eller maskinelle kræfter – den skabende livskraft, en vektor-forskel til tankens Udenfor; et portræt i en pragmatisk erfaringskontekst, hvor tænkningen træder i karakter som tænkning af det singulære.

Det umage, støjen, tydningsløse tegn hænger ved, tvinger sig på, kalder på tanken, det ufærdige; blanke overflader, "i samme ét" – samtidigheden af en tilblivelse, at undvige nutiden.

Hvilestillinger, et trodsigt stof, talestrømmenes
oprørske omvendinger, smelter sammen; glidninger,
sønderlemmer, ødelægger – Ur-ildens spænding.

Tilskrivelsen af værens yderflade, en tykkelse, en
"dis over engen" – "vindråben i havet"; en skillelinje
og dunkel debat, et dyb af akustiske og optiske
fantasmer.

Begivenhedsbåndets skæbnesamhørighed og
sidelænse glidebevægelser; vrangvendte krystaller,
der frisætter en visdom, frisætter en hel etik, en hel
frugtbar overflade til ære for – og på langs i –
strækkemaskinen.

At stige op i sproget ved hjælp af båndets
allersmukkeste sider; indikationer, manifestationer
og tilkendegivelser som kobler sig til
demonstrationernes domæner.

En tavs tale, som tomhedens mulighedsform, med
de bristende lag, og kløvende cirkler, som en
levendegørelse; vedholdende spises ordene,
frisætterende *stammes* den uigennemtrængelige
udpegning – og region.

Stolthedens omsorg i snitfladens regressioner og
afmagt, i paradoksets forplantninger, med temmelig
kluntede særmærker; "drag omsorg for meningen",
et tørt fantom, en flygtig dublet, i den golde
fordobling.

De stødvise kramper, de skæbnebestemte
tilskikkelser, de absurde umuligheder, hele multi-
serielle, orale frihedsgrader; med bittesmå
særpræg, med dobbelte glidninger, som forplumrer
punkternes gæld, intensitet og divergerende
spejlinger.

"Den mangler (på) sin plads". (Lacan i "Meningens
logik af Deleuze, s. 61, 2017/1969)

En seriel metode, en særdeles mobil tom plads, det
øde felt, den "tomme hylde"; omvendingsknappen,
det cirkulerende ord, det blanke ord – blufærdige
flygtigheder.

*"Det esoteriske ord i almindelighed viser på en og
samme tid hen til det tomme felt og hen til
okkupanten uden plads."* (Deleuze: Meningens logik,
s. 69, 2017)

Meningstomme områder, øde felter og affolkede
pladser; følsomme punkter, der, som singulære
vendepunkter (med gråd og glæde), forlænger et
fremvæld af problematiske knuder – kriseudløsende
kogepunkter, indgangspunkter.

Det tomme punkt, det blanke ord – mangler sin
egen plads – det unikke kast (er et kaos), en lang
tanke, "at indpuste en smule ekstra hasard"; de
tomme linjer, "hvor selv regnen falder vandret".

En bestandig hentydning uden at slå spejlglasset itu.
(Mallarmé)

At få øjeblikkets mindst mulige spilbare
tidsrum til at stemme sammen med det størst
mulige tænkbare tidsrum, følgende Aion.

Deleuze

Meningens logik, s. 190, 2017

Kroppens flugt eller forfald

Et tomt felt; spejlets overfladeplan – *Skindapsos –
Blituri – "Det navn, der udsiger sin egen mening, kan
ikke være andet en menings-løst eller vrøvl."*
(Meningens logik, s. 93, 2017)

De blanke ord, der ikke har nogen mening, har sin
egen mening, vrøvl; det absurdes filosofi, *nonsens,*
udmattelsens fremmedgørelse, frembragte
overfladevirkninger.

Vi spænder vores hud som en tamburin...

Tænkningens lidenskab og mentale tomrum, det
oprørske element; forbrænder og fordøjer – bliven-
skør, *man er altid skør i tosomhed* – skrøbelighed.

Bundløst vrøvl; midt inde i en irreversibel galskab,
midt inde i natten, i en patologisk skabelse, med det
skøre åndedræts-brøl, en kritisk og klinisk karakter,
en glidende sammenstyrtning – med strubelyde.

En pervers medsvingning; *der er gået hul på
overfladen,* perforeret – *kroppen er ikke andet end
dybde,* dette gabende svælg, denne bundløse
sprække, der gennempløjer kroppen – som en si,
stykbrudt, frakoblet.

Passivt lidende, sårende, begår indbrud; *den
smertefulde larm fra ordene* – fordampningen,
"Havets princip", havmassen, et tegn uden tydning,

opsluger al mening, den gabende spaltning,
neddykningen for livet.

En flydende væske, en overfladespænding med
skabende kraft, en kerne, et intimt center som
genereres og overflyver, "altid lige ved at skulle ske
og allerede sket", opholder sig dér – på tom himmel.

En radikal flænge, frodig og meta-stabil, gendanner
det dybeste, der er huden: *"Det levende lever på
grænsen af sig selv, på sin grænse…"*. (Simondon i
Meningens logik, s. 138, 2017)

*Langs det levendes grænse – overfladen er
meningens sted*, som får *bundløsheden til at tale*,
som en *dionysisk maskine*, som frigjort, anonym,
som nomadisk, i *et strejfende tråd – at blive på den
skrøbelige overflade*, som en strejfende tråd.

Genudgravede konvergenscirklen, en
verdenssyntese, en mumlen og hensvinden,
skabelsens første etape, som et
omslutningscentrum, og divergensens
usammensættelighed.

Svævende forgreninger og tvetydige tegn; et
oprindeligt bevægeligt punkt, hvis relæ og kredsløb
kløver en ring af "løsbarhed", som model, skygge,
dublet – som ren overfladefysik.

*"Når denne frembringelse spiller fallit, når
overfladen opflænges af eksplosioner og rifter, så
falder legemerne tilbage i deres dyb, alt falder*

*tilbage i den anonyme pulsering, hvor ordene selv
ikke længere er andet end kropspåvirkninger."*
(Meningens logik, s. 166, 2017)

Opstigningens væsen og sjæleliv, filosoffens virke;
tænkningen i hulerne og livet i dybden, én lang
dekadence – *der er ikke længere hverken dybde eller
højde.*

> *"Alt det, der indtræffer, og alt det, der siges,
> indtræffer og siges ved overfladen …*
>
> *Meningen kommer til syne og udspiller sig ved
> overfladen, ifald man da tilbørligt forstår at
> gennembanke den på en sådan måde, at der dannes
> bogstaver af støv, eller som en em på ruden, hvor
> man kan skrive med sin finger."*

(Meningens logik, s. 173-174, 2017)

Loppen og lusen…

Stokken og kappen…

Konversion – subversion – perversion…

Mirakel og skærende vrøvl, maniske eller depressive
stokkeslag, stumhedens eksempel – insistens – *en
forunderlig tomhed; tomheden er meningens eller
begivenhedens sted, dér, hvor kun stedet finder sted.*

Tomheden er overfladens vrøvl…

"Overfladen, hvor tomheden finder sted, og sammen med den al begivenhed, skillelinjen som kårdens skarpe klinge eller buens spændte streng. Således at male uden at male, ikke-tænkning, skydning, der bliver til ikke-skydning, tale uden at tale:

Denne skillelinje, denne overflade, hvor sproget bliver muligt … en genoplivning…". (Meningens logik, s. 178-178, 2017)

Bundløsheden, den tragiske tænkning, dæmonen, bundens sprog, ansigtsløs tale og knurren, bundens sprog, sammensmeltet med kroppens dyb; hvem taler?

Genklinger – "fjerde person ental"; flugtlinjer, slumptræf, den rette linje:

"Bueskytten må nå hen til det punkt, hvor sigtepunktet også er det, der ikke sigtes efter, dvs. bueskytten selv, og hvor pilen flyver på sin rette linje, mens den skaber sit eget mål, og hvor sigtepunktets overflade også er ret linje og punkt, bueskytten, bueskydningen og bueskydemålet. Sådan er den orientalske stoiske vilje, som pro-airesis. Dér afventer den stoiske vismand begivenheden. Det vil sige: Han forstår den rene begivenhed i dens evige sandhed, uafhængigt af dens rum-tidslige virkeliggørelse, som på én gang evigt kommende og altid allerede sket mens Aions bue følges."

(Meningens logik, s. 189, 2017)

I selvsamme grad som begivenhederne
virkeliggør sig i os, venter de på os og drager os
ind, de gør tegn til os:

At nå frem til denne vilje, som begivenheden
skaber til os…

Ikke at være uværdig til det, der indtræffer for
os.

Deleuze

Meningens logik, s. 192-193, 2017

Sproget må bringes derud...

Et ublandet øjeblik, de vitale sår, før bitterheden –
Eventum tantum – mit liv; det bevægelige øjeblik,
nutidens afgrund, den fjerde persons egen, det
ublandede øjeblik – en sjæledøv.

Selvfølgelig er alt liv en nedbrydningsproces...

Stilheden, det tavse brud, den stumme vej,
sammenbruddet, det dybe liv; tænkerens
latterlighed, sårets evige sandhed, erodering,
opsamlingshæfter, alt lutter bedrøvelighed,
forhærdelse af nutiden – det bløde centrum.

Lam, stiv, manisk almagt, et centrum af lava, en
tiltagende ørken; de depressive aspekters
flugtvirkninger – falmende og forfærdende
sentimentalitet, arvæv.

At skrive sit eget sammenbrud

– en vital generobring?

Man må ledsage sig selv.

Den store sundhed;

åh, psychedelia.

(Meningens logik, s. 208-209, 2017)

Tværgående dybe snit i det kroniske nu, brister,
trækker sig sammen til øjeblikket uden tykkelse,
som et overfladebrud; som når *øjeblikket altid*

mangler sin rette plads, som når *sproget bliver født uden ophør.*

Mister et center – *Eventum tantum* – finder et ødelagt skrog, i heftige svingninger – *Eventum tantum* – som med havets dråber:

"Enhver begivenhed er i tiden, hvor ingenting sker, og der er en bestandighed i det tomme tidsrum, på tværs af alt det, der sker." (Meningens logik, s. 232, 2017)

I bøjningernes tilbagevirkninger, på rædslens skueplads, med det flydende særpræg, genfundet; tilbageleveret som akustisk herkomst – i en bestandig subversion.

Som en reparations- og påkaldelsesproces – *Eventum tantum* – som at vende sig mod sig selv; som helt ophængt i tomrummet, med bizarre vendinger, meget løjerligt.

Denne tålmodige tænker, i begivenhedens hemmelighed, i hele tomrummet; der hvor *tænkningen synker sammen i sit afmagtspunkt, i sin eroderingslinje,* med hele stemmestrømmens medsvingning, i hel betydningsresonans, i helt Zen.

Kampe for sjov, fredsforhandlinger, guerillakrig; en afdanket stjerne – længe leve paranoiaen:

"For mig er det lige så usmageligt at have dårlig samvittighed som at være de andres dårlige samvittighed." (Forhandlinger, s.12, 2006)

Eftersom magterne ikke stiller sig tilfreds med
at være ydre, men gennemtrænger os alle, er
det os alle, der takket være filosofien konstant
er i forhandlinger og i guerillakrig med sig selv.

Deleuze

Forhandlinger, forord, 2006/1990

Fantasien; en upersonlig magt

*"Jeg tilhører en generation, en af de sidste
generationer, som man mere eller mindre slog ihjel
med filosofihistorien."* (Forhandlinger, s. 13, 2006)

*En glædens kultur; "… at betragte filosofien som en
slags røvpuleri … Nietzsche … Det er ham, der gør
dig gravid i røven."* (Forhandlinger, s. 14-15, 2006)

En kærlighedens afpersonalisering; at frisætte
singulariteter, det modsatte af hævn, at behandle
skriften som en strøm, som et udtryk for levet liv –
elsket.

*En bog er et lille tandhjul – det er en nydelse at
skuffe; "… Foucault, er for egen regning den første
som smadrede alle udnyttelsesmaskinerne og fik den
intellektuelle ud af sin klassiske politiske rolle som
intellektuel."* (Forhandlinger, s. 18, 2006)

En levende latter; en sjakal: *"Selv synes jeg, det er
interessant, at en side lækker i alle ender og kanter,
og at den på samme tid er lukket om sig selv som et
æg. Og så at der i en bog er tilbageholdelse,
resonans, overilelse og masser af larver."*
(Forhandlinger, s. 15, 2006)

*"… at få det til at lække, sådan som man punkterer
en cykelslange eller en byld. For at få strømme til at
flyde under de sociale koder, der vil kanalisere eller
spærre dem."* (Forhandlinger, s. 29, 2006)

Vanviddet; hvilke begærs-maskiner har du? På
hvilken måde bliver du vanvittig i forhold til det
sociale felt?

Glædens snurren; vi søger allierede: *"Det, vi leder
efter i en bog, er den måde, som den lader noget
slippe forbi på, der undslipper koderne: strømme,
revolutionære og aktive flugtlinjer, linjer af absolut
afkodning, der modstiller sig kulturen."*
(Forhandlinger, s. 33, 2006)

Lumske, frigørende strømme, en egen lille melodi,
ståhej; *en satsning på filosofiens genkomst som den
muntre videnskab.*

Resonanser; en pudsig form, en losseplads af
"vokalister", sorte huller og hvide mure, stafetter,
itusprængte, der fører alle steder hen – en livskraft.

Snilde; et glat rum, i bevæget ensomhed, i
usædvanlig befolket ensomhed, som rabler,
stammer – som en formidabel befolkning –
indigneret, genoplivet.

Kærlighed og gavmildhed; pulveriserende ørenlyd,
en mosaik af lydbølger, i det besindige OG's kølvand,
hvor en ny tærskel glimrer som de strålende
passager, og hvor de flade billeder, indsvundne,
splintret og spredt, nedværdigende, bryder sammen
– og hvor blikkets afmærkning – åndens øje – åbner
for bevægelsens skær – dannes filosofisk.

Hjernebølgernes mikrobiologi; kortslutninger og
åndsvaghed – degenererede – et tidsbillede,
resonanser og mutationer, følesansens hokuspokus
– krystalliseringsprocesser gennem patiske
sammenkædningsprocesser.

Gemmestedet; at skrive katastrofen (Blanchot), en
lavvandet dybde, en perceptions-pædagogik, en
dristig poetik, hvor det tomme øje og den kritiske
optimisme passerer ud i kulissen, og hvor berigelse
og kontaktlinser, den tomme indstilling, er ude af
balance – et socialteknisk øje våger.

Gennemført værdiløst, kontrolkunst, spastiske
krampetilstande; verden er tabt, skillingevisernes
marked, lillehjernedumheden med kontrolleret
epileptiske anfald – hele verden bliver til en film.

Den ultimative rejse; umærkelige fortætningszoner i
vægtløs tilstand, i den langsommelighed, der
undslipper enhver kontrol – et sorgarbejde, en
filosofisk æra?

En vulkansk kæde, en rift, en urolig linje – det
dybeste er huden (Valéry), forstummet; *"Og hvis
mennesket har været en måde at holde livet
indespærret på, er det så ikke nødvendigvis under en
anden form, at livet frigør sig i selve mennesket?"*
(Forhandlinger, s. 111, 2006)

Grænsen for tænkningen aftegnes; "Hvem er jeg?" –
opfindelsen af nye muligheder for liv – at leve på –

en mærkelig figur i tre dimensioner, "livet som kunstværk" – "historien som det, der adskiller os fra os selv", og "at det er vores aktualitet, der gør os forskellige fra såvel tiden som evigheden." (Veyne)

Filosofi som en farlig tankehandling, lysets regime: "Filosofferne har generelt deres filosofi som ufrivillig personlighed, som tredje person". (Forhandlinger, s. 118, 2006)

Hvilke livsmuligheder har vi i dag? – Livets æstetik, livsstile, det uudsigeliges kraft, rytmiske værdier og mentale portrætter; skælvende ømhed, en pisk, bøjet støv:

"Når man tænker, står man nødvendigvis ansigt til ansigt med en linje, hvor liv og død, fornuft og galskab er på spil – og denne linje river en med. Det er udelukkende muligt at tænke på denne forheksede linje, hvor man ikke nødvendigvis taber eller er dømt til galskab eller død." (Forhandlinger, s. 126, 2006)

Kreativ munterhed, depressiv, hemmelig – en blindgyde, være i fred, opnå et brud, en brudlinje; hvor ser vi i dag kimen til en ny måde at leve på?

Ordenes morskab; *man siger aldrig det, man ser, og ser aldrig det, man siger – det fødes og fordufter dér, hvor det, man siger, og det man ser, fortykker sig* – Hvordan kan man generobre retten til det uventede?

Det er noget besynderligt noget at sige noget i
sit eget navn, for det er på ingen måde i det
øjeblik, hvor man anser sig selv for at være et
jeg, en person eller et subjekt, at man taler i sit
eget navn. Tværtimod opnår et individ et
virkeligt eget navn, som resultatet af den
strengeste øvelse i afpersonalisering, når det
åbner sig over for den mangfoldighed, der
gennemkrydser det fra ende til anden, over for
intensiteterne som gennemløber det.

Deleuze

Forhandlinger, s. 15, 2006

At opfinde et folk

Modløst fortryllet, nervefibrene på en svimlende
linje; skrækindjagende:

*"Det gælder om at nå dertil, hvor man kan folde
linjen for at skabe sig en zone, som det er muligt at
leve i, og hvor man kan slå sig ned, gøre modstand,
finde støtte, ånde – kort sagt: tænke."*
(Forhandlinger, s. 135, 2006)

Folde ordene i lysningerne; i de livsnære
forsvindingspunkter, hvor glødepunkter, skærende
serier af resonans i stress-samfundet, stilner
hvirvelvinde som spændingspotentialer.

Som en art zigzag, som en strømmenes logik; med et
helt batteri af begreber, fulde af vindstød, som
udtryk for mulige verdner:

*"… enhver ny tanke aftegner åbent ukendte fuger i
hjernen, den fordrejer den, krøller og kløver den …
Nye forbindelser, nye baner, nye synapser, det er
det, som filosofien mobiliserer ved at skabe
begreber…"* (Forhandlinger, s. 182, 2006)

"At genere dumheden" – at blive "herre over sig
selv"; en slags udsalgsfilosofi på et forenet
verdensmarked – som et slags hylster, i et vejkryds,
på et mørkt kontinent, i det sociale væv, med små
glimt, hvor man hædrer venner.

*"Man kan ikke vide, hvad filosofi er, uden at leve
med dette venskabets dunkle spørgsmål."*
(Forhandlinger, s. 196, 2006)

En akkord, en syntaks, et ordforråd, nye ord; en
spændingstilstand – nye måde at tænke, se, høre og
føle på, glimtvise smutveje, ellipser – en vibrerende
ildfugl.

*"Menneskets eneste chance ligger i en bliven til
revolutionær, der er det eneste, der kan mane
skammen i jorden eller etablere et svar på det
uudholdelige."* (Forhandlinger, s. 205, 2006)

Et katalog over uløste problemer, kætternes toner
og tragiske undertoner; besudlet:

*"Det hænder også, at vi føler skam over at være et
menneske, når vi befinder os i situationer, der
simpelthen er latterlige, som når vi står over for en
stor plathed i tænkningen, når vi ser en
underholdningsudsendelse, hører en ministers tale,
eller visdomsord fra en rigtig 'levemand'."*
(Forhandlinger, s. 206-207, 2006)

Opstandens minoritet og fabulering; en transversal
organisation:

*"Vi er på vej ind i et kontrolsamfund, der ikke
længere fungerer ved hjælp af indespærring, men
ved hjælp af fortsat kontrol og øjeblikkelig
kommunikation ...*

Det der lige så stille er ved at indfinde sig, er nye
typer af sanktioner, af opdragelse, af omsorg."
(Forhandlinger, s. 209, 2006)

Et ophørsudsalg, en sabotage, en række afbrydere:

"Det, vi mangler mest, er at tro på verden; vi har
fuldstændig mistet verden, den er blevet taget fra
os. At tro på verden er også at afstedkomme
begivenheder, uanset hvor små, der undslipper
kontrollen ... Der er på én og samme tid brug for
skabelse og folk." (Forhandlinger, s. 211, 2006)

At forvalte livet; det nye monster – kontrollen i åbne
kredsløb – et nyt beherskelses-regime:

"Mange unge forlanger besynderligt nok at blive
'motiveret', de forlanger praktikpladser og livslang
læring; det må være op til dem selv at opdage, hvad
det er, man får dem til at tjene..." (Forhandlinger, s.
218, 2006)

En slanges ringe:

"Maskiner og netværk og søgehistorier, der
kortlægger og overvåger vores gøren og laden og
umærkeligt afretter og tilpasser vores identiteter til
konsumbare skemaer." (Dialoger, s. 9, 2015/1996)

Samtalens husdyr:

"Hvordan man kommer ud af samtalens håbløse
situation, hvor positionerne er definerede på

En eksperimenterende måde at tænke og leve på…

Tilgivelserne, livets kejtethed, et skrøbeligt helbred, en vital stammen i livet, charme som livets kilde:

"Det er en livets magt, som med en kraft, en ihærdighed, en udholdenhed uden lige bekræfter sig gennem enhver skrøbelig kombination." (Dialoger, s. 20, 2015/1996)

Livet er ikke noget personligt, livet er det modsatte af neurosen; et glædesspring, en mild aftentræthed, en befolket ensomhed, på hvis bund, man kan opnå et hvilket som helst møde:

"Inden i os alle er der en slags askese, som delvist er vendt mod os selv. Vi er ørkner, men befolket af stammer, fauna og flora." (Dialoger, s. 27, 2015/1996)

En slags vild rodeo, baggårdens brise, en smule frisk luft, en luftstrøm, fremkommer fra midten: *"Der har historisk dannet sig et billede af tænkningen, kaldet filosofi, som fuldstændig forhindrer folk i at tænke."* (Dialoger, s. 29, 2015/1996)

En heksekost, man sætter sig overskrævs på, en livskult, en mellemflyvning: Hvordan kan noget sættes i omløb fra bunden af et sort hul?

Løsrevne gitre; vi planter træer i hovedet, en skummel organisering: Det drejer sig om at frembringe en levende linje, en brudt linje.

Man er altid på midten af vejen, i midten af noget: *"Tilblivelse består i at blive mere og mere sober, blive mere og mere enkel, blive mere og mere øde og derved befolket."* (Dialoger, s. 48, 2015/1996)

Ukrudtet: det breder sig i kraft af sin soberhed. Det gror indimellem. Det er vejen selv … gøre livet til en upersonlig kraft; græs og vej forviklet i hinanden – spadsereturen som handling, som politik, som eksperiment, som liv. (Dialoger, s. 49-50, 2015/1996)

Hastighed vil sige at være grebet af en tilblivelse … græsset er hastighed – charme eller stil er hastighed – at skrive er at producere hastighed – en frembringelse … i et strømmende vandløb. (Dialoger, s. 52-55, 2015/1996)

At rejse bort, bryde ud, er at trække en linje – krydse horisonten – flugtlinjen er en deterritorialisering … afrejse, tilblivelse, passage, spring, dæmoni, forhold til det udenfor, skaber en ny jord … grænser som noget, der skal krydses, drives tilbage, overskrides … gøre brug af stød og revner, trække dem, forlænge dem ind i det sociale felt. (Dialoger, s. 57-58, 2015/1996)

Omflakken, i et snævert pas, henover tomrummet,
græsset i hovedet er et særligt nervesystem, gå ud
af furen (delirisk), springe fra et mellemrum til et
andet, forråde de fastgjorte kræfter, forræderen er i
udkanten, mod skriften, forsvinder, bliver ukendt,
opnå en undergrundstilværelse, slippe ud af hullet,
sønderbrudt mur; tab ansigt – livseksperimentering.
(Dialoger, s. 59-71, 2015/1996)

At flygte, at være en strøm, der forbinder sig med
andre strømme: Man skriver kun af kærlighed,
ethvert skrift er et kærlighedsbrev; at elske dér,
hvor det formerer sig, at erstatte ER med OG.
(Dialoger, s. 72-85, 2015/1996)

De filosofiske dyr; lusen, edderkoppen og
blodmiden, tristhedens vampyr; at lære sjælen at
leve sit liv, enhver begivenhed er en tåge af dråber,
der viser os værdige til det, der sker med os, og at
være på højde med sine egne begivenheder, og at
frigøre noget lystig og kærligt fra det, som sker, et
lysglimt, en kraft til at elske, kun begivenheden
afventer os, *eventum tantum*. (Dialoger, s. 86-92,
2015/1996)

En genoprettelse, og at lyne på en ren overflade; at
frigøre 'den del af begivenheden, som dens
fuldendelse ikke kan virkeliggøre' (Blanchot), en
bizar økologi, en heksevind, et intellektuelt bæst.
(Dialoger, s. 95-104, 2015/1996)

Under alle omstændigheder tror jeg, at den
filosofiske tanke aldrig har haft en større rolle
end i dag, fordi et helt system er i gang med at
installere sig, der ikke kun er politisk, men også
kulturelt og journalistisk, og som er en hån
mod enhver form for tænkning.

Deleuze

Forhandlinger, s. 43, 2006

En magisk linje

HAECCEITET = BEGIVENHED; det er et spørgsmål om liv, at leve på den måde, hvor begær er, at gå en tur, lytte til musik, spille musik, skrive, og askesen er en resonansens redundans, en betydningsdannende redundans, et tomrum, en stopning, en tømning, en generativ, transformativ sammenrulning. (Dialoger, s. 123-149, 2015/1996)

At mætte hvert atom som en minoritets-maskine, på den mest hældende linje, i den mest snoede strømbevægelse, der afsporer organisationsplanet;

"Det, der kommer først i et samfund, er linjerne, flugtbevægelserne.

For langtfra at være en flugt ud af det sociale, langtfra at være utopiske eller endda ideologiske er de grundlæggende for det sociale felt, hvori de ridser hældningen og grænserne op, hele tilblivelsen.

... i et samfund flygter det hele, og et samfund defineres af sine flugtlinjer ...

... det er altid på en flugtlinje, som man skaber ...

fordi man derved udstikker det reelle, og fordi man derved komponerer et konsistensplan.

At flygte, men at lede efter et våben i flugten."

(Dialoger, s. 174-175, 2015/1996)

Mutations-maskiner, overkodnings-maskiner, varsomhedens blødgørelse, *skizofrenien er en molekylær proces' nedstyrtning i et sort hul*, en social sump, en fare, hvor flugtlinjen er spærret i det despotiske regime; og hvor livet og værket er det samme, når de har taget flugtlinjen til sig. (Dialoger, s. 9, 2015/1996)

De mange indganges princip, en slingrende lyd, at finde en udvej, en særlig glidning, hvis opsvulmning besværger en indre *genese*, som flyvende fluer, som molekylær dans, som en smitte fra det skumle rum, som at lade sig opsluge af en smertefuld piben, der griber fat, som en genlyd, hvor stemmen bliver til en brummen.

Et lufttomt rum med en glaskappe over... (Kafka for en mindre litteratur, s. 34, 2020)

At vibrere i intensitet; munden, tungen og tænderne, at tale, og specielt at skrive, er at faste, som et meget mærkeligt og stille lykkespring:

"Det drejer sig om at få sekvenserne til at vibrere, at åbne ordet op for uhørte indre intensiteter..." (Kafka for en mindre litteratur, s. 50, 2020)

Ordets indre spænding, gnider, synger, genopblomstrer; *skizo-høflighedens beruselse i det rene vand ... fylder sig op med faste, i et strengt skrig*, langsomt klæbende, størknet, i et harlekin-

kostume. (Kafka for en mindre litteratur, s. 57-58,
2020)

Stilhedens rasende kolbøttespring, knuser pagten og
sammensværgelsen; *skyldfølelsen hager sig kun fast
i en svag sjæl* – tilproppet i fælden; skriver helhjertet
som i en pagtens fotokopi, som i en papirbevægelse,
hvor dyriske livsplaner, og levende flugtlinjer
overskrider intensitetstærskler, som i en panoramisk
skizo-flugt, der søger en udvej – og som frygter en
tilbagestrømning. (Kafka for en mindre litteratur, s.
59-81, 2020)

Æggets skizo-eros og *thanatos* skitserer
udtryksmaskinens bliven-molekylær, en slags lov
over et transformationskort, der udgør et livgivende
stof; nemlig skrive-lidenskabens intensitets-
tærskler, gennemstrømmet af en usynlig livsstrøm,
berusende, leende, fuld af livsglædens
klovneudtalelser. (Kafka for en mindre litteratur, s.
82-93, 2020)

En udtømning af en "villen-leve", begærets glæde,
"en ustyrlig latter"; uerkendbare afmonteringer og
de erotiske kræfter, korridor-hændelserne, kulisse-
mumlen, mikro-hændelserne, æltet, itu-rivning – i
en endeløs forhaling.

Og frifindelsens platoniske æble; den sociale
genealogi i hjulværket, hvor alt bades i glædesskrig
og skub, betrædes en beskeden revolutionær linje.

Stadig længere ud; på en nærhedslinje med frie
figurer i luften, i forvandlingens fiasko, helt
grænseløs, *"ikke uden en vis kafkask resonans"*.
(Kafka for en mindre litteratur, s. 143, 2020)

Sammenføjningspunktet, dét øjeblik, ved at flygte,
hvor omvæltningskraften, stilheden, den kollektive
klage, som fremmede, afskærer, og farer af sted,
med tildækket hals, med et signal, med den bratte
ofring, som en forsinkende, hjertelig
dobbeltgænger; i en egenartet serie – en helt og
aldeles mærkbar hyper-realisme.

Flugten på stedet, bagdøre som genaktiverer en
paranoid og genoplivende spiral; som et andet
stjernesprog med forbindelsesgange, med sprækker
og emanationer, og med blokkenes skavanker –
uden erindringer – med tænderskæren, trækninger
og katatoni.

De fremmedgjorte hvilepauser, det nye hjulværk; *"…
lyden fra en nærtstående fremtid, rummelen fra nye
sammenpasninger, der består af begær, maskiner og
det, der udsiges, og som skyder sig ind i de gamle
sammenpasninger eller bryder med dem."* (Kafka for
en mindre litteratur, s. 190, 2020)

Det virtuelle fællesskab, klistrer, flygter "hovedkulds
af sted", i en despotisk maskine, "raser ud i
koldbøttespring"; presser syntaksen, sproget,
forfølger jargonen til en grænse – med en litterær
maskine, en intensitets-semiotik mod det udenfor.

En tænknings logik er som en vind, der skubber
os i ryggen, en række vindstød og rystelser …

Man tror at man er kommet i havn, men
opdager at man befinder sig på åbent hav (ref.
Leibniz).

Der findes ikke nogen stor tænker, der ikke
gennemløber kriser; de markerer tænkningens
øjeblikke.

Deleuze

Forhandlinger, s. 115, 2006

Det udenfor – tankestødets *nærsigt*

Perifere positioneringer, inspirationskilder, høje sletter, rene perler, stoflig sensibilitet, befrugtende bestøver, konturer; hånt paradeoptog, skuffelser og glæder, trægheder og ekstaser – overrumplet af ufrivillige hændelser fra et stofligt plan, fra en pludselig brydning, der resonerer.

I sammenvævede forgreninger af singulære punkter, i "ukonstruerbare synteser" (Benjamin), med gymnastiske øvelser, og i sanselige tegn, i "ustadige modsætningspil"; en ren virtualitet, med mangfoldig diversitet, resonansernes transversale svingninger.

En åben totalitet, en erfaring af tegn, der mobiliserer det ufrivillige; genoplivelsen af tiden, spildtiden, hvor det snævre rum størkner, med bedragende tomhed, i et utilgængeligt, ukendt land, i et elsket væsens tegn, i fordybelsens lidelse.

I en hemmelig verden, der udelukker os, med en smertefuld afkodning, hvis afslørende og skjulte tegn; *"... som et lille japansk papir, der udfolder sig i vandet og frigør den indespærrede form."* (Proust og tegnene, s. 33, 2019/1964)

I den særegne og intense glæde, i berøvelse af freden, røber en vold sig i tanken; *et møde med noget der tvinger os til at tænke:*

*"Og den genfundne tid er for det første en tid, man
genfinder midt i hjertet af den tabte tid, og som
skænker os et billede af evigheden; men det er også
en absolut, oprindelig tid, en ægte evighed, der viser
sig i kunsten."* (Proust og tegnene, s. 39, 2019)

I bruddets øjeblik, i en hjerteskærende erindring,
hvor en længsel genopstår i glæde gennem den
tabte tids dyb via tegnenes vejes nødvendige aftryk;
i en beruselse – *og tanken må tvinges til at søge
tegnets mening.* (Proust og tegnene, s. 45, 2019)

Langs en privilegeret og ægte læreproceslinje, hvor
skrøbeligheden vakler i tegnets glans af det
ufattelige liv; som vækker tanken fra den ynkelige
dumhed, fra tåbernes trøst, fra skuffelsens
(u)bekvemmeligheder.

Indsnuser duften af essensen åbenbaring:

*"Kunstens overlegenhed i forhold til livet består i
dette: alle de tegn, som vi møder i livet, er endnu
materielle tegn, og deres mening, ved altid at være i
noget andet, er ikke fuldkommen spirituel."* (Proust
og tegnene, s. 63, 2019)

I hjertet af den indre forskel, hvor essenserne er
ægte monader, som gidsler; hvor det eneste håb er
æstetisk, i tidens fødselsøjeblik, i søvnen, i en dyb
tilstand – hvor stoffet spiritualiseres.

Når livet ikke besidder kunstens kræfter; i de
oprørske stoffer, i den pinlige tvivl, i livets tegn – i

den usædvanlige glædes pragt – i de øjebliksbilleder med en særegen, kompliceret tidserfaring, i de obskure reminiscenser.

Med en sælsom, drømmende sødme, i glemslens sensibilitet og tvang, med en lidelsens lystighed, i en genskærets levekunst; hvor en slidt åre brister gennem sensuelle fornøjelser, som i løgnens fysik og sandhedens tegn – som en hæslig fangevogter.

I de teleskopiske tomrum, med sjælekendernes sludren; i den afsluttende åbenbaring, indføjet i en ren glæde, i en overvældende glæde, i en rytme, i en tæt og intim spirals bestøvende *kryptik*.

Med halvmørkets efterklange, stemples for deres ægthed, i en pludselig tavshed; hvor de underliggende tegn restituerer, som en brises skrånende stråle, her genforenes verden som helhed, som en verdens fødsel, med en perspektivets æstetik – hvor ordenen er brudt sammen.

Hvor bugtningerne genindsættes i en stor levende organisme, som klæbes til tiden, som en mild brise, som en vild blæst; som en afvigende spinkel, flagrende hyrdetone – som i et dårligt øje.

At snurre rundt, at hvirvle rundt som et lykkehjul, i de halvåbne æsker, i de lukkede kar, i en nærhed uden kommunikation, kompliceres begærets nuancer; *man ruller et kabel ud*, indespærret i

erindringsregioner, i en undvigende tømning – i
smagen.

Genfødslen af et jeg, og de livstile, man må udfolde,
tømt for sig selv, indsuget i en nøgen genoprettende
operation, helt på klem; hvor skuffelsen splintrer i
stumper:

> *"Og i hvert kar et jeg, der lever, der opfatter, der
> begærer, mindes, der vågner eller sover, der dør,
> begår selvmord og lever videre stødvis."* (Proust og
> tegnene, s. 144, 2019)

I de excentriske krumninger og slyngninger, i en
transversal, som vedbliver med at gennemløbe
nærhedszoner med en genopvækkelseskraft; at
mærke vores kød, i den skizoide skikkelse i
kærlighedens fejltrin, i hæslighedens forbandelse.

I befrugtningens vanvid, som kærtegnenes dunkle
fanger, afsondrer teleskopet det uendeligt lille, som
en slags symfoni, som et slags kryptogram, hvis
meningsproblem er selve produktionens proces; at
afkode en ufrivillig svingning, at sammenkitte
singulære katastrofer.

En frivol drøm; resonanseffekterne:

> *"Og det, som produceres af resonansprocessen, i
> resonansmaskinen, det er den singulære essens."*
> (Proust og tegnene, s. 171, 2019)

Hvor bøger er briller, som et optisk instrument, i resonansfænomenerne:

> *"Resonansen producerer essensen, den spirituelle ækvivalent … resonansen er producent af en æstetisk effekt … resonansen som ekstase … som livets endelig mål … gennem den ufrivillige hukommelse … fordi stilen lader to genstande resonere…"* (Proust og tegnene, s. 173, 2019)

Resonansen sammentrækker tiden maksimalt; de resonerende øjeblikke … den genfundne tid, sker gennem resonans.

I en nærliggende tåge svæver den brudte og usammenhængende flod, som et fragmenternes særkende, som et frygteligt virvar; som det transversale insekt – i galskabens tilstedeværelse, i det flakkende blik, i de blinkende tegn.

Med *Logos* på flugt, i den dybe universelle galskab, skilt ved en tynd væg, i en glimrende stumhed, i en snigende paranoia, i intensive bølger, som spind vævet af hver tråd, som en intensiv skitse; som resonansenes ekstatiske klæbrighed.

Når firkløveren krummer, som labyrintens facon, i kryptografiske kabinetter, på spændkræfternes lærred, langs montagens små åbninger; resonant som i en musikstue, som i svampede hvirvelformede turbulenser i en bølges skum – i en hulrumsfyldt tekstur, helt gennemhullet porøs:

"... en dam af stof, i hvilken der findes forskellige
strømme og bølger." (Folden, s. 6-7, 2016/1988)

I et væskende liv og som udhulet tids-stof;

"således er der i det levende en formende indre fold,
som forvandler sig med organismens evolution...".
(Folden, s. 10, 2016)

Dér, hvor principperne for livet er immaterielle,
ligesom den organiske inderlighed, ligesom et
hylster, som en verdens indsænkning, som et
heteromorft mylder; ligesom et blikstille punkt i en
dråbe.

"Der er ikke alene noget levende overalt, men sjæle
overalt i stoffet. Så når en organisme bliver kaldet til
at udfolde sine egne dele, åbner dens dyriske eller
følsomme sjæl sig for en hel skueplads, på hvilken
den opfatter og mærker ifølge sin egen enhed,
uafhængigt af sin organisme, og dog uadskillelig."
(Folden, s. 17, 2016)

Man besegler her hjernefoldernes hævninger, som
en ophøjelse, i et sammenstød, langs en kurve, hvis
"krumningslov" og vendepunkt – i det elastiske
punkt – i *den aktive, spontane linjes genetiske*
element, bliver til et foldepunkt; til et
krumningscentrum, som en indre singularitet, hvis
"tvetydige tegn", som vægtløs, er den rene
begivenhed – netop "kosmogenesens sted", på
spidsbuen.

I en svampet hulrumsfyldt fluktuation, med uendelig
variabel krumning – i begivenhedskatastroferne –
forefindes hvirvelformet forsinkelser og spiralformet
turbulens; som skummets manke i en potent lakune.

I et lineært brændpunkt, på en udfold, som en
transformationsinvariant, i dette matematiske
punkt; i "stedet for samtlige steder" – i det
metafysiske punkt, i det Enes serie kompliceres alt –
netop i verdenssjælens store immanenszone.

Fuld af folder i det uendelige, som en
samstemmighedens vridning, som
sammenfletningens ekspressive celle; på den mørke
bund, i den vægtløse inderlighed, hvor det Enes
ophøjethed, i det mangfoldiges ocean, forekommer
som en smal foldning, hvor sjælene snubler, som
ved en kraftig magnet.

Her er gule folder af lys, som genopliver
højdeskrækkens svimmelhed, som
samudstrækningens "dublicitet"; et
"opstigningsrum", "en græsk fold" – et indspændt
slør med vendingers indsnit, en hallucinatorisk vifte,
der forråder dens tomhed, og pulveriserer en lille,
bitte grav – helt ventileret af blæsten.

I tankens folder, i det myldrende huller og med den
døve forvirring, ophobes emblemer; genudtryk i det
sorte mørke ("fuscum subnigrum") – på en dunkel
grund – "det glider som ad en sprække midt i
mørket" – i de små indre spejle, udviskning, udhulet.

I en lukket inderlighed med skizofren spænding
bliver facadefilosofiens tilmurede og opskræmte
optik til et sælsomt foldeliv, som støder, spalter
mod en grænseløs frisættelse; mod en uendelig
bølgegang af levende væv.

Med snigende opløsning og skærende vibrationer
sønderflænges her en overfladisk dybde, hvis
ombøjede mylder og stoflige komponenter bliver til
et delirisk sjal; til et selv-sættende individ – med et
umådeligt kampråb.

Tankehastighedernes draperinger og dunkle zoner
bliver her fanget i en uendelighed, hvis fortætnings-
og fordampnings- og forflygtigelseskurver bestyrker
en eminent forandringsenhed, hvis flydende og helt
umærkelige ængstelse og naturkraft konspirerer
med sig selv som smerte; som sjælens bund,
'fuscum subnigrum' – i den mørke bunds
allestedsnærværelse.

I glidende kolonner, tilbagefoldet og herskende i en
zone, i opsplitningens bund – skubber
usammuligheden, og genopkaster udsendelse af
singulariteter; på begivenheds-singulariteternes
forlængelseslinjer, som en arkitekturdrøm, som et
ciffer i panden, som en sekvens af et liv.

I et spind af tråde, af tid, i et svindelnummer, som
en professor i hverdagsfilosofi, som en vagabond,
som en arkitektfilosof i hjertet af begrebets kraft;
som de begivenhedsdråber, med skyndsomme snit,

englelige og med knuste neuroser, dør et tilflugtssted.

Skælvende perplekse taskenspillere knopskyder på en tom plads, hvis storslåede øjeblik gør filosoffens bekymrings-tænkning til lette celler, som advokatens krisemoment, som verdenssammenbrud, som en enorm overophidselse, der hiver dristigt, og krydser skizofreniens patetiske begivenhedslogik.

I uroens svingningsbredde tøver dovenskabens hældning i det levende nu; nutidens privilegium går her svanger, belæsset med fortabelsens frygtelige fornøjelse.

Det matte lysglimt, "fornuftens raseri", kradser her føleligt og passerer en fremskridtsmoral, hvis intensivering og opløftelse – dvalens dramaturgi – glatter bevidsthedsforøgelserne ud i tågesnakkens sigte; denne membranens svimlen i det bundløse mørke, "fuscum subnigrum".

En sigteoperation:

"Begivenheden er en vibration med en uendelighed
af overtoner eller sub-multipla, ligesom en lydbølge,
en lysbølge eller endda et mindre og mindre stykke
rum i løbet af en kortere og kortere varighed."
(Folden, s. 127, 2016)

Svanger med frisættelsen, begivenhedernes strømme, naturens passage, permanensskemaers

nuancer, sønderslidte indfangninger; en frisættelse
af dissonansen – åndens bund er dunkel i
nærhedsforhold.

En støvet klukken, en brummen, bedøvet;
"lilleputhallucinationer", blunder, tusinde små
smerter, sporer som åndeliggør støvet – lyden af
havet – en stor bugtet fold.

En bevidsthedstærskel, hvis indre genese og dunkle
krumningscentrum i verdens dybeste dyb, som helt
nøgne og bedøvede, i et svimlende mørkelivs
urkraft; huskende det lysende liv – en
fordøjelsesknurren invaderer i baglås, i stumper, i
gus.

Solide væv, lysskræk, tankemylder og
fordøjelsesbesvær; "endeløse sejl af dunkle viljer" –
"en bølge uden havet" – den blide morgenbrise,
pulseringer i sfæriske spejle.

Spændkræfternes molekylære strømmestof
udbreder bølger af nådens urkræfter, elastiske og
plastiske; det stejleste fald, vægtløs, sænker en
spredning, selvnærværende – sam-nærværende.

Sæbebobler; hobe, skarer – verdens krøllede linje –
"eksistentificerende" – *Eventum tantum*; den
stumme og sky del af begivenheden, en hjertelig
"tilhørsforholdssfære".

Kæntret, næsten nøgen, døvet, degenereret, flygter
gennem knudens *ekkologi*; fæstnet uoverstigeligt til

inderlighedens egen ydre klæbende membran –
skarevise af tilbagekastende vægge, individuelle
spejle og kollektive ekkoer, kaskader af mumle- og
brummevirkninger.

Fæstnet, intens skikket, passiv mægtig, formørket,
knust, lemlæstet; knudens nøgne påklædning,
beklædt, vævet i det mørke stof – som en mirakuløs
dumhed.

Degenererende tendenser og anlæg, blinkende
uophørligt; øjebliksbåndets mellem-fold, vamsens
livsstykke invaderer et åndeligt eventyr, afspændt,
bugtet, oppustet, blæst – dybtpløjet.

Vrangens fugtige folder hæver propningens dumpe
udbredelse; flyder over i et samfundsrum; i en
levende maskine, i en uendelig mekanisme på et
umådeligt plateau – på disens spids, oprørt.

Vævsfoldernes snublende nærvær, besvimelsen,
bedøvelsen, berørelsen, overskærer
inderlighedsbevægelsens tætsluttende nærved; *den
aristoteliske kikkert* udfolder sig her cyklisk, som
verdens signatur, som eksistens, tal, skønhed, og
som oversvingningernes intellektuelle spejl.

Den omvendte, og det "særskilte åndepust";
mangfoldiggørelsesegnet i lyksalighed, i
uroelementernes smerte klinger spontanitet, synger
sjælen af sig selv – øjeblikkeliggjort klukken.

Kløver, skubber i et tomt miljøs puls, i en filosofisk
polyfoni, i et evindeligt mirakel; med vildvoksende
variationskraft, med udviklingsmelodiernes, levende
cellers jegtoner – i en ufølsom tæthed.

Nærtliggende overskrævs i et udfyldningsspillets
blindgyde, i en tegngivende kultur med egen-
bevægelser; indhyllet i virkningsspredninger, med
overgribende knudepunkter – reservoirs,
tilblivelsestendenser, gåder, stuvende fuld, helt
overlæsset.

Skarpsindighedens skarphed; som et hånd-orakel,
livspustet, slørenes bortfald, blinkvinklernes
verdensfølelse – et tanke-økonomisk
overlevelsesprojekt, livtagets 'øjebliksaktualisme' –
med tankegennemløbende mellem-mænd.

Strøgets træk, hændelighedens usle ordning og
montage; rubrikker og "spidse parenteser", ovale
figurer – en cirkusarena, som isolerer figuren.

Den uendelige cirkels magnetiske bue i et faktum, i
et operationelt felt, som sniger sig isolerende og
knusende fortællingen i retning af figurernes
frigørelse.

De mørke, dunkle, frie mærker skrubber tæthedens
taktile, "haptiske" flader lige nært; soklens konturer
lukker obskurt rummet i en flod af kød, glider
krøllet.

En vanvittig frigivelse, en total befrielse, som
løsriver linjerne, som bøjer, vrider, invaderer blankt
på et lærred af klichéer; som *hersker over blikket.*

Membranens åbne felt trænger ind, afventende et
fæstnet vidne; kulminerer på tåspidser, og med
atletisk ensomhed slynges dørnøglen, som en
cylinder, rundt i lysets sorte hul, latterligt, noget
sker.

Spasmens kilde anstrenger en nervefletning, en
rædsel af usselhed; kvalt i afløbshullet, ruller med
flugtpunktets fremstød, opsnapper sfæriske,
gemene ventiler.

En fastnaglet flugtspids spalter spejlet, opsuges,
opløses i passager, i dét, der sker; i et vitalt
åndepust, som en dyreånd, der nedbryder et
susende strøg, som en hvirvel af skyggende husly.

En udspændt rygsøjle stiger akrobatisk med små
knogler og døsigt kød, flankeret af skrogets klinge;
en krampagtig sårbarhed, en eksistensmådes
øjenhule, en hylende pulsåre – en udhulet tekstur.

Et uopfatteligt smil forsvinder, udviskes hånt,
insisterende hysterisk, modbydeligt gennemsigtigt,
mørkt fortonende sig bag forhænget, suget bort i en
fjernhed; i sammenkrøbet flager, i sløret afstivning.

I svøbets vanddråbe, i et vansiret tomt rum,
smuldrer et sidste smil, ruller sig, hamrer, snapper;
et patisk moment som undgår kedsommelighedens

usynlige, snurrende rækværk, på klove, med
klumpfødder.

Skælvende spiles øjnene op, mobiliserer hudens
vitale kraft, en rytmisk smeltende natur, hvis liv i
natten gennemløber en bølge af intensivt faktum,
som frisætter en spirituel vilje; hvor bølgens passage
åbner op for en "vågengænger".

Nøgen i spejlet, i nærvær, nervøs; en klinisk
optimisme med besindige dristigheder bag det
tunge forhæng, hvis ustyrlige materialitet i flugten, i
øjet, i øret – galopperer i tidens spiring.

Lussingernes hvilende smerte, skriger
trosbekendelsen til livet; verdens rædsler og
utæmmelige lemlæstelse, kraften til at le – den
"forstøvende knusemaskine", afryster søvnens
udfladende kraft.

Et sært spredningens smil pirrer begærligheden
efter at leve; de størknede resonanser i et faldende
smil slynger en nærkamp ind i en forvreden
fritlæggelse, at slå takten an, i en forceret
bevægelse.

Vidnerytmen cirkulerer fyrigt med stor mobilitet i en
nedstigen-opstigen, som et sammenvridningens
mørke spejl; et afklædt *submultiplum* sprøjter
udflåd og amputerede opvågninger op gennem
sansningens passage.

I et væltet fald mærkes den inderste bevægelse i
den aktive rytme; livlighedens melodiske kraft og
parodiens pulver trøster forbitret og udmattet, ilde
tilredt i splinternes uefterlignelighed.

Genopvækket vished i en listig fælde; at træde ud af
lærredet, figurens vej, svækket, trofast, et hop på
stedet – *hysterese – katastrofe* – rusket af kaos.

Noget skamferet morads, "muligheder for faktum",
vrider afgrundens grå punkt i en flugt fremad; som
en simpel strøm, en askese, en spirituel frelse, rene
hænder i et "plastisk alfabet" – øredøvende.

Passerer mellem punkterne, mellem tingene, i en
"asketisk nøjsomhed", i en "frenetisk dans", i
håndhævelsen af det blinde rum; med en streng
optikalitet, i et værre roderi fortæres, oversvømmes
de frie mærker med piskeslag – smider støjsenderen
stædigt afsted.

Velsignelsens flygtige tilstand, nervesystemets
holdbarhedsevne, fristelsens fasttømrede koder;
lysforholdets brutale sensualitet, et løsnet strejf.

Klatter med kroppens fald, med en mager dybde,
hvis sorte skygge og diffuse klarhed planer en
overflade, hvor et nært syn krummer; hvor en
skulptur mobiliserer stilfærdig næring – med et
befamlet pejlemærke.

Frontalt mirakuløs; en dråbe gift, nærsynets indre
væsen, annulleret på spirituel himmelfart, besjælet

af et eget liv, en intens realisme, der slår revner,
som optisk livsform.

En hvælving, vrangsidens revanche, en fremrykning,
vaklende rytmik; frie sekvenser vælter en gestus, en
smule mager, slynger, udspreder en formørkelse,
slører og invaderer en formørkelseszone, hvor
cyklonens øje hviler i det mest urolige liv.

Løssluppen, gennemstribet, et opløst relæ i den
tynde dybde, lys-tidens glans; knækket berøring,
livlig – "at gribe livet i flugten", praler af en lille
sansning, maler det uendelige, utydelige minde som
et portræt, hvis livfuldhed forplumres i
strømhvirvlernes indsnørede pyt; blinde plamager –
krøllet, bøjet, buet, magre.

Snart snor en luftig, svævende tidsform påsmurt en
evighed sig med figurale værdier, med fyldige
skygger rundt i omegnens indsatspunkter; den ovale
glorie, smagens reflektor – som en grim, hæslig
hverdagsbeskæftigelse.

Hellige pile, en skabende smag, en oprørsk finger,
en manuel berøringsfunktion, oprørske hænder;
serien snapper og skrubber et sumpet roderi –
spiddende nært, indsprøjtning, dråbe for dråbe,
faktum; en svulmende spasme; *når vi er alene og
lytter til en kraft, der griber os. Hvas og skingrende,
spejlblank flimrende, det tredje øje, et haptisk øje, et
haptisk øjesyn.* (Deleuze, Sansningens logik, s. 120,
1981/2013)

Man skriver altid for at give liv, for at befri livet
dér, hvor det holdes fanget, for at aftegne
flugtlinjer.

Deleuze

Forhandlinger, s. 171, 2006